Tenga su propio negocio en USA y hágalo exitoso

Francisco J. Miranda

Tenga su propio negocio en USA y hágalo exitoso
Copyright © 2011 by Francisco José Miranda
All rights reserved.

Cover Design by Francisco J. Miranda

Este libro está dedicado a todos los hermanos de habla hispana que han dejado sus países de origen, y que día a día dan su mayor esfuerzo por progresar en donde sea que se encuentren.

Si bien es cierto este libro ha sido escrito en los Estados Unidos de América, teniendo en cuenta muchas variables y regulaciones de este país, la mayoría de consejos e información que usted encontrará se aplican a prácticamente cualquier lugar. Hacer negocios, en términos generales es una actividad universal, y en la mayoría de casos la parte que varía tiene que ver con preferencias de los mercados (debido a cuestiones como diferentes formas de pensar y valores de cada región) y cuestiones legales (como los trámites y papeleos propios de cada jurisdicción), pero en el fondo la operación, contabilidad y mercadeo son temas que no varían mayormente, salvo en su adaptación a las variables mencionadas.

Contenido

Advertencia Legal	9
Introducción	11
1. Lo principal es estar motivado	15
2. Todo empieza con una idea	21
3. Estudie a sus competidores	29
4. Tipos de Negocio	35
5. Si no desea dejar su trabajo	49
6. No necesita mucho capital de trabajo	57
7. Imagen antes que nada	65
8. Promoción y localización	71
9. Venda y promociónese por Internet	87
10. Servicio al Cliente	95
11. Información y "Networking"	101
12. Precio y Calidad	109
13. Las matemáticas básicas de un negocio	115
14. La importancia de tener metas	129
Notas finales: Debería tener socios?	135
Conclusión: Como hacer un negocio exitoso	141
Consideraciones Finales	149
Sobre el Autor	151

Advertencia Legal (*Disclaimer*)

Este libro no pretende reemplazar el código de leyes local, municipal, estatal o federal, y todo su contenido está sujeto a estas leyes. Antes de abrir un negocio y durante el curso del mismo siempre debe consultar con su ciudad, condado o jurisdicción para estar seguro que tiene todas las licencias, permisos y otras calificaciones necesarias para cumplir con la ley.

Para un mejor entendimiento, se han colocado en paréntesis las palabras en inglés que no tienen una traducción específica al español (como en el título de esta página).

De esta manera el lector en los Estados Unidos podrá ubicar más fácilmente los documentos o citas a las que nos referimos.

Además, asegúrese de siempre averiguar todo lo posible respecto a los seguros que debe tener para su negocio. En los Estados Unidos en particular, es muy importante el contar con seguros de responsabilidad civil (*liability insurance*) y otros seguros propios de cada industria.

Infórmese bien.

Introducción

Si usted ha adquirido este libro, lo más probable es que esté pensando en poner un negocio propio.

¡Me da mucho gusto!

Si se mantiene en el camino de esta idea, estará empezando una etapa muy interesante de su vida, y si pone el debido esfuerzo, también muy exitosa.

El tener un negocio propio es una ambición que tiene mucha gente. Muchas personas nunca lo llegan a hacer porque se dejan llevar por muchos mitos y comentarios que muchas veces no son ciertos.

Hay gente, por ejemplo, que piensa que no puede tener un negocio porque no habla inglés, cuando en realidad hay muchas zonas en los Estados Unidos en donde esto no es indispensable. Siempre será mejor que lo hable, pues puede llegar a más gente y crecer personalmente, pero no es un requisito indispensable para abrir un negocio en este país.

En todo caso, me alegra que esté interesado en este libro en particular, no sólo porque lo escribí yo, sino porque le ahorrará muchísimo tiempo.

¿Por qué le ahorrará tiempo? Porque está escrito en un lenguaje sencillo y directo, de manera que usted no necesita saber nada de finanzas, administración o mercadotecnia para leerlo, ni tener ninguna experiencia previa como empresario.

Poner un negocio, inicialmente, no debería ser un tema complicado. Siempre representará un reto, pero todos sabemos que para lograr las cosas siempre hay que trabajar duro.

Si usted está dispuesto a poner de su parte, yo le ayudaré dándole la información básica más importante acerca de cómo empezar un negocio, para que usted con su debida cuota de dedicación, lo haga exitoso.

¿Qué cosa define su éxito?

Usted mismo y sus expectativas.

No todo el mundo tiene los mismos objetivos. Para algunos el éxito puede ser el poder dejar definitivamente su trabajo como empleado y ser independientes, para otros puede ser solamente el generar un dinero extra cada mes.

Pero de esto hablaremos más adelante.

¡Lo importante es que usted esté motivado!

Como dije anteriormente, existen muchos mitos en relación a tener un negocio propio y lo difícil que puede ser. En este libro trataré de explicar por qué la mayoría de esos mitos no son ciertos, y como con el debido tiempo y los pasos correctos, usted lo puede hacer realidad.

Capítulo 1.

Lo principal es estar motivado

Como verá en este libro el tener su propio negocio <u>no es cuestión de dinero</u>, o de tener un local o conocer mucha gente. Esas cosas llegarán con el tiempo.

Lo principal es que usted esté motivado. El tener un negocio propio es <u>SU</u> sueño y el único que puede convertir ese sueño en realidad <u>es usted</u>.

A través de estas páginas compartiré con usted mis experiencias, "secretos", y conocimientos, mismos que he aprendido a lo largo de 20 años trabajando (como empleado y empresario), y estudiando mercadeo y administración de negocios.

No siempre he trabajado para mí mismo, pero mi experiencia trabajando para otras empresas (o dándoles servicios) me ha enseñado muchas de las cosas que hacen a una compañía exitosa.

Una vez que su negocio empiece, es usted el que decidirá que tan lejos quiere llevarlo.

Mucha gente olvida que todas las empresas que lo rodean, incluyendo las corporaciones transnacionales más grandes empezaron de cero.

Muchas de ellas incluso empezaron con una sola persona, sin capital y tan sólo una idea (y no necesariamente una buena idea). Pero lo principal es que su fundador o fundadores estaban motivados.

¿Por qué estaban motivados?

Las razones que motivan a diferentes personas son distintas, pero la siguiente lista tal vez incluya una o más de las cosas que lo motivan a usted a hacer su propio negocio y a hacerlo exitoso:

Independencia Laboral

Es decir dejar de trabajar para alguien más y ser independiente económicamente. En todo momento, buenas o malas las épocas, el empleado siempre depende de cómo le vaya a la empresa. Si los dueños de las empresas toman malas decisiones, usted puede perder su trabajo así haya hecho las cosas bien en su posición. Es entonces una decisión inteligente, el tomar las riendas de nuestro futuro y depender de nosotros mismos.

Éxito Económico

Independientemente de que deje su trabajo o no para poner su propio negocio, el generar dinero extra al que hace actualmente puede ser su principal motivación, ya sea porque desea comprarse un mejor automóvil, ahorrar para la educación universitaria de sus hijos, viajar por el mundo, o ahorrar para su fondo de jubilación, o simplemente porque su sueldo actual no le alcanza para estar tranquilo en términos de dinero.

Su Familia

Para muchas personas (casadas o no), su familia es su principal motivación. El tener independencia económica no sólo le da dinero (para darle mayor seguridad económica a su familia), sino también tiempo. Tiempo que puede pasar con sus hijos, padres o su pareja.

Lograr un lugar en su comunidad

Hay personas que desean principalmente obtener reconocimiento. Todos lo necesitamos en una medida u otra. El contar con la admiración y aprecio de amigos, familiares e incluso desconocidos es importante, y el ser un empresario exitoso es definitivamente una forma de obtenerlo. Además, usted puede ampliar sus lazos sociales perteneciendo a grupos locales como las Cámaras de Comercio o Asociaciones de su Industria.

Ayudar a otras personas

Otras personas ven en el generar mayor dinero, la forma de poder ayudar a su comunidad. Esto se puede hacer directamente o a través de instituciones de caridad. Personalmente creo que la idea de compartir parte de nuestro éxito con los menos afortunados es muy meritoria.

Así que luego de haber revisado las razones para leer este libro y los puntos por los cuales alguien desea abrir un negocio, procedamos a ver que más necesita para empezar su negocio.

Capítulo 2.

Todo empieza con una idea (y la idea no necesita ser nueva)

La mayoría de gente sueña con inventar algo o imaginar una idea de negocio que no haya sido llevada a cabo nunca antes.

Ese sería el caso ideal, y de hecho es bueno que usted desarrolle su creatividad y genere ideas nuevas, pero al mismo tiempo, este es un mito sobre abrir nuevos negocios. Mucha gente cree que para abrir un negocio es necesario generar una idea nueva o revolucionaria necesariamente. Ese sería el caso si usted fuera un inventor o estuviera buscando patentar algo.

La realidad es que la gran mayoría de los negocios que abren sus puertas todos los días se dedican a vender productos o servicios que ya existen en el mercado, y de esta mayoría un altísimo porcentaje se dedica a actividades comunes que todo el mundo necesita como vender comida, ropa, limpiar casas u oficinas, vender celulares, ofrecer seguros de vida, etc.

La mayor ventaja de abrir un negocio existente es que usted no tiene que romperse la cabeza pensando en qué hacer, sino sólo buscar algo que se acomode a lo que sabe hacer mejor, se siente más cómodo haciendo y/o está dentro de su presupuesto.

Así mismo, si usted va a hacer algo que ya existe, siempre puede encontrar formas de mejorarlo, ya sea a través de un mejor servicio al cliente o modificando el producto o servicio de la competencia.

Por ejemplo, digamos que usted está pensando en poner un taller de mecánica. Tal vez, usted se da cuenta que nadie en su zona ofrece devolver el automóvil a domicilio una vez terminado el trabajo. Es algo que tiene un costo mínimo para usted, pero que el cliente puede apreciar mucho y por esa razón seleccionar su taller. Como ve con una idea sencilla puede mejorar un producto o servicio existente.

Sin embargo, todo esto no pretende desalentarlo de ser creativo e inventar un nuevo producto o servicio. Gracias a la gente innovadora es que las sociedades mejoran y avanzan.

La mayor ventaja de abrir un negocio con una idea nueva (o innovadora) es que usted tendrá menos competencia inicialmente.

La mayor desventaja es que al ser algo nuevo, tiene que invertir tiempo y dinero en hacer que la gente conozca y confié en su producto o servicio.

Los seres humanos tienden a ser desconfiados frente a las cosas nuevas y toma un poco de tiempo y esfuerzo que cambien algo que ya conocen por algo nuevo.

Eventualmente un nuevo producto puede generar mucho dinero, y si es algo patentado o difícil de implementar, también le puede dar regalías (*royalties*) o franquicias (locales que le paguen por usar su idea).

El nombre de la Empresa

Para lo que sí necesita ponerse creativo necesariamente es para crear el nombre de su negocio.

Hay algunos casos en los que por razones prácticas es más fácil usar el nombre o apellido del dueño seguido de la actividad que desarrolla, por ejemplo:

"Francisco Miranda Design and Marketing"

En los Estados Unidos de América, cuando se lleva a cabo un negocio es necesario registrar un Nombre Ficticio del Negocio (*Fictitious Business Name*) o DBA (*Doing Business As*), en el condado o condados donde va a operar. En algunos lugares no es necesario hacer este registro si el nombre completo del dueño está en el nombre del negocio (por ejemplo "Armando Rodríguez Cleaning Service"). Consulte con su oficina local.

Pero en la mayoría de casos, un nombre de negocio será una creación.

Las condiciones para crear un nombre son sencillas:

- Debe ser único (no una copia),
- Debe decir a qué se dedica el negocio, en la medida de lo posible, o en todo caso ir acompañado de una frase (*slogan*) que lo explique,
- Ser corto, en la medida de lo posible, y
- Ser fácil de recordar.

Cree algo sencillo, pero que sea fácil de pronunciar y de ser posible que sea pegajoso.

La responsabilidad de inventar un nombre puede ser mucha, así que le recomiendo que busque inspiración usando lo siguiente:

- Revisando los nombres de competidores (no sólo de su ciudad)

- Mirando nombres de otros negocios en general (no sólo competidores)
- Intercambiando ideas con familiares y amigos (hasta puede hacer un concurso y regalarle una comida al mejor nombre)
- Hasta puede preguntarle a personas que podrían ser sus futuros clientes.

Recuerde que no se trata de copiar nombres, pero sí de darse una idea de qué es lo que se usa normalmente o qué le suena atractivo a la gente.

Recuerde además que está en un país de habla inglesa, o sea que tal vez sea necesario que el nombre (o al menos la actividad a la que se dedica) esté en inglés.

Digo que tal vez, pues si su mercado es 100% hispano tal vez no necesite serlo. Pero incluso si este es el caso, piense si su negocio podría expandirse a otros mercados en el futuro.

Cuando tenga el nombre, le recomiendo que cree un logotipo. De esto habláremos en el Capítulo sobre Imagen (Capítulo 7).

Capítulo 3.

Estudie a sus competidores

Antes de empezar cualquier negocio es importante que estudie a sus competidores.

No sólo se limite a analizar a aquellos que están en su zona de trabajo, sino también a otros en otras ciudades y estados (incluso usando Internet).

Cada vez que esté de viaje o fuera de su ciudad debe darse un tiempo para mirar a sus competidores.

Las razones por las cuales es importante estudiar a su competencia son muchas y es bueno que tome notas para que no se le olviden los detalles importantes.

Pídale a sus amigos o familiares que le den "reportes" de sus visitas a competidores ya sea locales o foráneos. Siempre existe la posibilidad que obtenga nuevas ideas para mejorar su negocio, brindar nuevos servicios o ajustar sus precios.

En resumen esto es lo que usted quiere saber de sus competidores:

- Precios (para siempre ser competitivo)
- Productos o Servicios ofrecidos (para mantenerse actualizado)

- Nivel de servicio al cliente (para mejorar el suyo)
- Horarios de Atención (para no perder clientela)

Recuerde que el hecho que una empresa esté en la misma rama que usted no significa que sea su competidor directo.

Por ejemplo usted puede haber decidido que su nivel de precios será alto porque ofrece mayor calidad y mejor servicio. Una empresa que vende cosas baratas y da mal servicio, puede ser considerado un competidor, pero no necesariamente un competidor directo, ya que su mercado (compradores) es diferente.

Por esto es importante que su publicidad transmita la diferencia, pero esto lo veremos más adelante.

Los competidores no solamente tienen que ver con el precio que vamos a cobrar, o el tipo de producto que vamos a vender. También tienen que ver con su localización.

Antes de abrir un negocio fíjese cuántos competidores están en su zona. Si el negocio que va a abrir requiere un local, esto puede determinar el lugar donde abrir.

Tiene que tomar en cuenta que no solamente se trata del número, sino también del tipo de competidor. Por ejemplo, si lo que va a abrir es un restaurante, es posible que haya muchos restaurantes en la zona, pero tal vez ninguno vende el tipo de comida que usted venderá. Por supuesto, en este caso también debería usar esta información para determinar por qué no hay restaurantes del tipo que usted piensa abrir. Tal vez no hay mercado para su producto o servicio en particular, y el tipo de competidor y su número es en este caso sería una señal de alarma.

Si tiene un negocio de servicios a domicilio o que tiene entrega a la casa u oficina (*delivery*), tal vez el atender un área que está un poco alejada, le abre un mercado que sus competidores no están atacando.

Como ve las razones para estudiar a la competencia son muchas y por eso el mejor consejo es sólo uno:

"Nunca pierda de vista a su competencia".

Ni siquiera si le está yendo bien en su negocio. La competencia siempre puede estar preparando algo que no lo afecta hoy, pero puede afectarlo mañana.

Capítulo 4.

Tipos de Negocio

Veamos ahora los tipos de negocio, dependiendo de la actividad y el lugar desde donde puedan ser operados.

Servicios desde su casa

Usted puede operar desde casa cualquier negocio que brinde servicios que requieran que usted sea el que visite al cliente, o venda productos que vayan a ser vendidos personalmente, por teléfono o Internet y vayan a ser entregados al cliente fuera de su domicilio. El tener un negocio en su casa se convierte en un problema cuando el número de personas que lo visiten a usted sea muy alto, se requiera espacio de estacionamiento (*parking*) para los clientes, gran espacio de almacenaje, etc.

Los siguientes son servicios que bajo condiciones normales podría desarrollar desde casa:

- Servicios de Limpieza (oficinas, casas, piscinas o albercas, ventanas, etc.)
- Servicios de Ventas (como vendedor libre para una o diferentes empresas)
- Contratista, Diseñador o Arquitecto
- Diseño de Exteriores (*landscaping*) o Jardinería

- Servicios de Reparación (Plomero, Aire Acondicionado, etc.)
- Reparación a domicilio (automóviles, artefactos, computadoras, etc.)
- Cuidado de Niños

Nota: Siempre consulte con su ciudad y si la casa es rentada, con el dueño de la propiedad (*landlord*), para ver sus limitaciones.

La ventaja de un negocio en casa es que no tendrá que incurrir en gastos adicionales a los que ya paga mes a mes, salvo tal vez la compra de una computadora y los implementos necesarios para desarrollar su trabajo.

La mayoría de empresas individuales que empiezan desde casa invierten un mínimo en publicidad. Lo mínimo que usted necesita es: tarjetas personales y volantes para dejar a sus clientes. Más adelante hablaremos sobre otras formas de publicidad de bajo costo (ver Capítulo 5).

Servicios en una oficina o local comercial

Los servicios que puede desarrollar desde una oficina son básicamente los mismos que hemos mencionado anteriormente, con la ventaja que su ubicación puede hacer que llegue a nuevos clientes que transiten en la zona que se encuentra su tienda u oficina. Así mismo, para determinado tipo (o nivel) de clientes, el tener una oficina puede ser algo que le de mayor imagen o credibilidad.

Adicionalmente a la lista anterior, al no tener las limitaciones que tiene en una casa, puede sumar a la lista los muchos más servicios que se ofrecen en locales comerciales:

- Venta de Seguros
- Servicios Varios (embalaje, fotocopias, envíos, notario, etc.)
- Smog Check, Mecánica, etc.
- Florería, entre otros muchos otros.

No está de más decir que el paso entre un negocio en el hogar y una oficina o tienda, trae como consecuencia un notable incremento en sus costos, siendo los principales: el pago de una renta adicional (que dependerá del tamaño del local), compra de muebles, un letrero, equipos, computadoras, etc. (dependiendo de la actividad que realice) y el pago de servicios públicos (*utilities*) como luz, agua, teléfono y conexión a Internet. O sea que básicamente usted requiere un capital de trabajo que pague todas estas cosas por un periodo que puede ir de 3 meses a un año dependiendo de cuánto demore el negocio en obtener la cantidad de clientes y ventas para auto-sostenerse.

Así mismo, debe considerar que su inversión en mercadeo y publicidad será mayor que si maneja su negocio desde su casa (ver Capítulo 5).

Venta al por menor (*Retail*) desde su casa y/o Internet

Desde un punto de vista del producto, hay básicamente dos tipos de producto que usted puede vender: productos hechos por usted y productos que revenda. Lo que determinará si usted puede comercializarlos desde su casa y/o Internet son las siguientes variables:

- Necesidad de espacio de almacenamiento (recuerde que siempre puede arrendar espacio (*storage*) fuera de su casa)
- Capacidad de producción (que tan grande es su taller, los equipos necesarios y la cantidad a producir).
- Visitas de clientes (recuerde que no puede convertir su hogar en un lugar de alto tráfico, tanto por razones prácticas como legales y municipales).
- Posibilidad de venderlos personalmente, en ferias, por catalogo y/o en línea (*Online*).

- Autorización del dueño de la propiedad (*landlord*) para operar desde su casa alquilada. Si usted es el dueño tal vez no necesite autorización, pero si probablemente una licencia para operar desde casa (*home based business license*). Como siempre, consulte con su oficina local.

Si usted no necesita un gran espacio, un taller grande y tiene la posibilidad de vender estos productos haciendo visitas de ventas directas, en ferias y/o por Internet, siendo el tráfico de clientes en su hogar mínimo, entonces la opción de operar el negocio desde su casa es viable.

<u>Los productos que usted produce</u> pueden ser manualidades, arte de cualquier tipo, letreros hechos a mano, etc.

<u>Los productos de reventa,</u> puede ser literalmente cualquier cosa a la que usted tenga acceso a través de un fabricante o vendedor al mayoreo, como zapatos, ropa, CDs de música, celulares, productos de limpieza, etc. En muchos casos podrían ser productos obtenidos a través de empresas de mercadeo multi-nivel, si es que esto es a lo que se está dedicando. Esta es una opción muy popular en los últimos tiempos y es exitosa para ciertas personas.

Entonces y asumiendo que usted tiene la parte de producción o abastecimiento cubierta y funcionando, todo se resume a encontrar clientes.

¿Cómo hacerlo? Eso lo veremos en el Capítulo sobre Promoción (Capítulo 8).

Para ver cómo vender por Internet por favor vea el Capítulo sobre este tema (Capítulo 9)

Nota: Vea los comentarios al final de este Capítulo sobre el empaque del producto.

Venta al por menor (*Retail*) en Tienda

Tal vez usted ha decidido abrir una tienda para vender sus productos o revender los productos que compra.

En este caso aplican los mismos costos que mencionamos para abrir un local de servicios: el pago de una renta adicional (que dependerá del tamaño del local), compra de muebles, un letrero, equipos, computadoras, y el pago de servicios públicos (*utilities*) como luz, teléfono y conexión a Internet.

Como vemos en este caso la necesidad de tener un capital de trabajo mayor también existe. Calcule el por lo menos poder cubrir sus gastos por un periodo que puede ir de 3 meses a un año dependiendo de cuánto demore el negocio en obtener la cantidad de clientes y ventas para pagarse solo.

Dependiendo de lo que haga necesitará un ambiente de almacenaje e incluso un taller.

Nuevamente, todo se resume a atraer clientes a su tienda. Recuerde que el tener un local, no quita la posibilidad que también venda sus productos por Internet (Capítulo 9).

Vea la nota al final de este Capítulo sobre el empaque del producto.

Otros negocios I: Venta al por mayor (*Wholesale*), Fabricación y Restaurantes.

He dejado estos tipos de negocios para el final pues son negocios que requieren generalmente un alto capital de trabajo y/o un conocimiento muy especializado.

El vender al mayoreo, así como el tener una fabrica de cualquier tipo, requieren particularmente un alto conocimiento financiero dado el capital involucrado y los cálculos de liquidez, y rapidez en la colocación / reposición de inventarios.

Yo le recomiendo que estudie mucho sobre el tema, o que se asesore muy bien o busque un socio que tenga conocimiento de estos tipos de negocio.

El negocio restaurantero, si bien es cierto puede en algunos casos requerir un capital mediano de trabajo (dependiendo del tipo de local y su mercado), de todas formas requiere de que usted o un socio sepan acerca de las técnicas de costeo y precios, así como de la parte de abastecimiento, ya que se trabaja con productos perecibles. Los restaurantes también requieren de permisos y licencias especiales.

En todo caso, la mayoría de temas de este libro en cuanto a calidad, imagen y promoción se pueden aplicar a un negocio de restaurantes.

Otros negocios II: Servicios especializados de acuerdo a su conocimiento particular.

Por supuesto, a qué se dedique usted depende de cuál sea su inclinación o conocimiento particular (como en el caso de los productos y servicios mencionados anteriormente en este Capítulo), pero también hay muchos servicios directos (a empresas y personas) que se definen con conocimientos específicos que usted tenga:

Por ejemplo:

- Clases de Cómputo a domicilio
- Clases de Matemáticas u otros cursos para niños (*tutoring*)
- Servicios de Diseño Gráfico
- Servicios de Diseño de Interiores
- Entre otros.

Como ve, en estos casos básicamente lo que se necesita para empezar su negocio es su conocimiento y probablemente algunos materiales básicos dependiendo de su actividad.

En la mayoría de casos estos negocios requieren al menos el uso de un computador para labores básicas de administración, hacer presupuestos, enviar y recibir correo electrónico (*e-mails*), etc.

Nota final al Capítulo: Calidad y Empaque de sus Productos al por Menor

Como punto final de este Capítulo me gustaría recalcar ciertas cosas respecto a la imagen y la calidad de sus productos.

Siempre recuerde que independientemente de cuanta publicidad haga usted, un porcentaje muy alto de sus clientes vendrá por referidos y recomendaciones (*word of mouth*). Si bien es cierto, este punto lo estoy ampliando en los capítulos 6 y 7, me parece adecuado hacer una mención especial sobre dos cosas:

Calidad

Hablar de la calidad de un producto es difícil pues hay diferentes cosas que la determinan, pero lo principal que usted debe saber es que hay una relación entre el precio que puede cobrar y la calidad de su producto. Más calidad significa más precio, más precio significa mayores márgenes de utilidad y más dinero para usted.

La calidad también significa otra cosa que a su vez le da más dinero: clientes que compran más de una vez y lo recomiendan con nuevos clientes. Así que póngale un ojo a su nivel de calidad.

Veremos más de Calidad y Precio en el Capítulo 12 más adelante.

Empaque

Muchas pequeñas empresas no prestan mucha atención al tema del empaque. Su empaque (la caja donde viene su producto), no solamente es un mecanismo de entrega sino también lo primero que ve el cliente al recibir su producto.

Por lo tanto, debe cuidar que se vea bien, esté limpio y de ser posible tenga su marca. Si bien es cierto, el imprimir su logotipo en sus cajas (grandes o pequeñas) puede ser costoso, tiene la alternativa de hacer etiquetas (*labels* o *stickers*) y pegarlos en las cajas. Así mismo recuerde que ya sea dentro o fuera de la caja, debe mencionar su información de contacto y su página web, ya que sobretodo si está vendiendo por Internet, es una forma de recordar al cliente dónde volver a comprar.

Así mismo, no está nunca de más incluir junto con el producto, volantes (*flyers*) o folletos (*brochures*), que el cliente puede usar para referirlo con otros clientes o interesarse por otros productos de su empresa.

Capítulo 5.

Si no desea dejar su trabajo

La única forma de lograr que un negocio sea completamente exitoso es el comprometerse al 100% en el mismo.

La mayoría de empresarios que han salido adelante y han logrado grandes objetivos y levantado grandes empresas en algún momento decidieron que era necesario poner todo su esfuerzo en sacar su sueño adelante.

Y definitivamente en este caso también, le recomiendo que si desea que su negocio sea muy exitoso decida dedicarse a él enteramente.

Sin embargo, no todas las situaciones son iguales y podría darse el caso de que usted necesite mantener un ingreso fijo o que por cualquier razón desee no dejar su trabajo inmediatamente empiece su negocio.

El cómo o cuándo dejar su trabajo regular para poder empezar su empresa, siempre será una de las principales preocupaciones de la persona que desea tener su propio negocio.

Hay algunas razones por las cuales podría pensar en no hacerlo inmediatamente:

- Tal vez tiene el tiempo para hacer ambas cosas

- Puede hacer una "prueba piloto" de su negocio antes de meterse al 100% en el mismo
- No gastará su capital tan rápidamente
- Alguien puede ayudarlo mientras tanto

Vamos a analizar estas razones:

Hacer ambas cosas

Analice bien si es posible que pueda hacer ambas cosas al mismo tiempo. Por ejemplo en mi caso, yo tengo dos negocios: uno de ellos lo manejo desde casa y el otro es una oficina que atiende al público. En las mañanas yo estoy en la oficina atendiendo a los clientes y en las tardes mi esposa me releva luego de su trabajo en las mañanas. Así yo puedo regresar a mi oficina en la casa a ver mi otro negocio.

Así mantenemos ambos ingresos. Cuando la oficina se pone muy ocupada, me quedo esa tarde y de ser necesario trabajo en la noche.

Trato de no hacerlo mucho, pues uno de los objetivos de tener un negocio propio es el de estar tranquilo y tener tiempo para la familia, pero a veces hay que hacerlo.

Hacer una prueba piloto

Recuerde que todos los negocios demoran un tiempo en despegar. Además, hay lo que se llama una curva de aprendizaje, es decir, que cada día que pasa usted sabe más acerca de su negocio, cómo funciona y cuanto dinero puede esperar de él.

Adicionalmente, siempre existe la posibilidad que el negocio demore mucho más de lo esperado en crecer o que no sea viable.

Así que si puede tratarlo como una prueba piloto al comienzo, esto puede ser una buena idea.

Si la prueba le demuestra después de unos meses que el negocio va a caminar bien, entonces con seguridad usted deja su trabajo y se dedica 100% a su negocio.

La idea en este caso es hacer que su riesgo sea el mínimo posible.

No gastar su dinero ahorrado

El no dejar su trabajo habitual, además lo podría ayudar a estirar sus ahorros o el capital que tiene para su nuevo negocio.

El poder mantener su ingreso fijo, le ayudaría a por ejemplo poder tener más dinero disponible para promoción y publicidad si el negocio lo requiere.

Buscar ayuda de alguien más

Si usted no cuenta con el tiempo para ver ambas cosas al mismo tiempo, siempre puede apoyarse en un familiar, amigo o empleado (si el negocio lo permite) que vea el negocio mientras usted desarrolla otras actividades.

Así mismo, tal vez su idea sea tan buena que merezca la pena buscar un socio que lo ayude a manejarlo o ponga el capital para llevarlo a cabo.

Este es un buen caso, cuando por ejemplo, usted no cuenta con el dinero, pero como dije el negocio o la oportunidad es tan buena que sería un desperdicio dejarla pasar.

Puede ver más acerca de cuando tener socios y cuando no, en las notas finales del libro.

Conclusión

Recuerde que todas las razones mencionadas en este capítulo tienen como objetivo el permitirle poder mantener el mayor ingreso posible durante el mayor tiempo posible.

Pero siempre tenga claro que su negocio no crecerá a todo su potencial hasta que usted no se dedique al 100% al mismo.

Hay un viejo dicho que refleja esto: "El ojo del amo engorda al caballo". Nadie nunca se preocupará de su negocio más que usted mismo. Usted es el que tiene que cuidar que no se gaste más de lo necesario y que se venda todo lo posible.

Capítulo 6.

No necesita tener mucho capital de trabajo

No todos los negocios requieren que usted disponga de un capital de trabajo. En este caso se aplica lo que yo llamo la ley del "paso a paso".

Por ejemplo, puede ser que usted desee tener una Academia de Matemáticas. Su visión es que en algún momento tendrá un edificio con varios salones y docenas de estudiantes. Esto no quiere decir que usted no empiece dictando clases a domicilio o teniendo inicialmente grupos de 3 o 4 personas que lo visiten en su casa o un pequeño local rentado.

Si las clases se dictan en la noche, esto le permitiría mantener su trabajo (como vimos en el Capítulo anterior), e ir ahorrando un dinero para mudarse a un local alquilado. Este local puede ser pequeño y tener un aula para 10 personas. En algún momento puede dictar 5 clases diarias y a este punto ya tiene 50 alumnos. Eventualmente se puede mudar a un local más grande.

"Paso a paso" entonces quiere decir que no debemos correr cuando podemos caminar. El ir lento al comienzo le permitirá obtener experiencia, aprender bien su negocio, hacerse de una cartera de clientes y referidos poco a poco, y dar cada paso seguro y en el momento correcto.

Muchas personas invierten en un negocio del que saben poco, todos sus ahorros, dejan sus trabajos y si el negocio no resulta vuelven a cero. Es preferible hacer las cosas lentas, pero dar pasos sólidos. Nuevamente, aquí es donde entra en juego el estar motivado y el saber que los objetivos a largo plazo son más importantes que los de corto plazo. Como dice el viejo dicho: "Roma no se construyó en un día".

¿Cuál es el dinero mínimo que necesita para empezar?

Esto obviamente depende del tipo de negocio que esté pensando poner, pero en términos básicos generalmente lo que usted necesita es el dinero para:

- Comprar los implementos o herramientas básicas que necesita (p.ejm. una computadora, impresora, materiales de limpieza, herramientas, un carro o camioneta, etc.)
- Pagar las licencias y permisos correspondientes a su actividad
- Impresión de Tarjetas de Negocios y volantes
- Un teléfono celular (que sirva como su número de negocio, sino desea usar su número personal)

Las finanzas de cada negocio varían, pero hay ciertas reglas generales que se pueden mencionar (entre otras):

- Un negocio fuera de casa en un local siempre demanda mayor capital de trabajo
- Un negocio que requiere inventarios (*stock*) requiere dinero para su inventario inicial y lugar de almacenaje
- Siempre se puede acelerar al proceso de conseguir clientes, pero esto requiere capital para publicidad o para contratar vendedores

El punto más importante probablemente es que usted haga un cálculo (previo a empezar el negocio) de cuánto tiempo le tomará llegar a un punto de equilibrio (es decir que sus ventas menos sus costos sean iguales a sus gastos) y por supuesto cuánto tiempo le tomará que sus utilidades cubran sus necesidades económicas.

La parte más difícil de un negocio es al comienzo, no sólo porque no tiene clientes, sino porque usted tiene que cubrir todos los gastos iniciales sin tener ingresos del negocio.

Durante todo este tiempo el capital está saliendo de su bolsillo (y el de sus socios, si los tuviera).

Digamos que usted ha calculado que para llegar a pagar sus gastos y obtener las utilidades que desea, requiere de 100 clientes. No importa el negocio sino solamente que usted sepa que cada uno de estos 100 clientes multiplicados por su compra o mensualidad dan como resultado el dinero que usted necesita ganar.

Si usted planea conseguir 20 clientes por mes, entonces necesita capital para sobrevivir al menos 5 meses. Es obvio que cada mes lo que usted necesita es menos, pues los clientes que van entrando van comprando, pero siempre planifique realistamente, es mejor asegurarse que tendrá el dinero, que quedarse en el camino y tener que cerrar por ser demasiado optimista.

Recuerde el optimismo es bueno, pero sólo hasta que se convierte en sueños infundados.

Siguiendo el ejemplo, digamos que todos sus costos (alquiler, gasolina, luz, agua, teléfono, etc.) suman $1,000 al mes, entonces usted quiere tener en la cuenta de la empresa, separado y siempre disponible, al menos $5,000 (el dinero para los primeros 5 meses).

No se olvide que esto es para cubrir los costos operativos (es decir lo que usted requiere para llevar a cabo su actividad diaria), pero que además requiere algunas cosas mencionadas previamente que son los gastos iniciales, entre ellos:

- Licencias y permisos
- Tarjetas personales y volantes
- Vehículo (de requerirse)
- Depósito de seguridad del alquiler (*security deposit*)
- Equipos o maquinaria (de requerirse)
- Equipos y material de oficina (computador o laptop)
- Etc.

En muchos casos, nuevamente dependiendo de su actividad, estos costos iniciales son mínimos.

La mayoría de personas que inician negocios individuales desde sus hogares prestando servicios, no requieren más de $500 o $1,000 para empezar.

Muchas veces muchas de las cosas que necesitan ya están en el hogar, como por ejemplo un computador o herramientas comunes. Preocúpese por hacer una lista completa de todas las cosas necesarias, y antes de sacar dinero de su bolsillo asegúrese que no las tiene en su hogar. Así mismo piense si estas cosas podrían comprarse usadas de un familiar, amigo, o una venta de garaje (*garage sale*) en su zona, o tal vez una tienda de artículos usados (*thrift store*).

Capítulo 7.

Imagen antes que nada

Muchas personas no se preocupan de su imagen al momento de iniciar su negocio, y esto disminuye sus posibilidades de éxito.

Desde la forma en la que usted se viste, hasta el material impreso que entrega, los clientes están fijándose en todos los detalles. Un cliente siempre va a preferir a alguien que está aseado y correctamente vestido, que deja su área de trabajo limpia luego de trabajar y que saluda y se despide correctamente. No solamente conservará un cliente, sino que las posibilidades de que este cliente lo recomiende con otro son mucho mayores.

Aquí le doy algunas sugerencias para mantener una buena imagen:

- Mande a hacer un logotipo con el nombre de su empresa. Esto hará que la gente reconozca su marca y le dará un aspecto más profesional a su negocio. Use este logotipo en toda su papelería (tarjetas personales, volantes, facturas, estimados, etc.)

- Mande a hacer magnetos con su logotipo, numero de teléfono (y página web, si la tiene) en magnetos o vinil para su carro o camioneta. Si usted está manejando por la ciudad esto es publicidad gratuita y hace que su vehículo se vea más profesional.

- Use un "uniforme de trabajo". Esto quiere decir que sería bueno que mande bordar su logotipo en algunas playeras o camisas, o en un gorro o chamarra. Esto no solamente identifica a su empresa, sino también refuerza su marca. Preocúpese porque su uniforme siempre esté impecable para salir a trabajar.

- De ser posible, mande a hacer una página Web para su negocio. Los clientes identifican a las empresas con páginas Web como empresas más solidas y profesionales. Además la publicidad en Internet puede ser menos costosa, como veremos más adelante.

- Si vende productos, preocúpese por el empaque (ver Capítulo 3, ventas al por menor). Su empaque le ayuda a conseguir más ventas.

Yo siempre digo que "una empresa no tiene que ser grande para lucir como una empresa grande".

Si su negocio se ve profesional, no importa que sean sólo una o dos personas las que trabajen en él, la gente sentirá que está tratando con una empresa sólida y confiable.

Hay muchas personas que están dispuestas a pagar un poco más de dinero por tratar con alguien que se vea bien y sea limpio y ordenado para trabajar.

Si tiene empleados, recuerde que también tiene que cuidar su imagen. Mande también a hacer playeras para ellos, y cámbielas cuando estén desgastadas. Prémielos por dejar su lugar de trabajo limpio y ordenado (especialmente cuando trabajan en la casa u oficina de un cliente).

Déles tarjetas de la empresa, sin importar cual sea su puesto o tipo de trabajo. Esto los hará sentir importantes y parte de la compañía, y además ellos le pueden conseguir clientes, repartiendo las tarjetas en los colegios de sus hijos, con amigos y familiares. Déles una comisión si consiguen ventas, pues esto los mantendrá motivados.

Si usted tiene empleados motivados, ellos harán mejor su trabajo, cuidarán su imagen y le serán leales.

Capítulo 8.

Promoción y localización.

Como hemos visto antes, uno de los aspectos más importantes de llevar a cabo un negocio es la promoción del mismo, dado que ésta es la manera en la que usted obtendrá nuevos clientes.

Así mismo, dependiendo de su negocio, la localización del mismo podría ser un factor muy relevante en el éxito de su negocio.

Aún si es que usted decide trabajar desde casa, es importante que defina cual es el área que su negocio atenderá. A más grande sea ésta, obviamente tendrá una base mayor de potenciales clientes, pero al mismo tiempo, sus costos de transporte y tiempo serán mayores.

Su localización también podría ser "móvil", si es que usted vende sus productos en ferias (*street fair* o *swapmeet*), y hablaremos de esto más adelante en este Capítulo.

Por el momento, repasemos las distintas formas de promoción que usted puede usar:

Publicidad Masiva

Las formas de publicidad masiva más comunes son la televisión, radio y diarios (*newspapers*). Sin embargo en la mayoría de casos, estos medios están fuera del presupuesto de las empresas pequeñas. Esto no quiere decir que usted no las vaya a usar, ya sea porque su tipo de negocio requiere de este tipo de publicidad, o porque en algún momento su negocio crece a un nivel que su presupuesto le permita hacerlo y así llegar a más clientes.

Es importante mencionar, que si bien es cierto que estos tipos de publicidad son atractivos y uno los relaciona con el éxito de una empresa, no todos los tipos de negocios los requieren, o no son rentables para algunos negocios en particular. No los use solamente porque tiene el dinero para hacerlo.

Recuerde que la publicidad debe ser siempre una inversión, es decir que usted debe al menos recuperar en ventas lo que ha pagado por la publicidad. A veces es rentable el sólo recuperar el dinero pues si su negocio es de compra repetitiva, el haber atraído nuevos clientes asegura que la siguiente vez que vengan usted tenga una ganancia. Además, ellos lo pueden referir con otros clientes.

Marketing Directo

El marketing directo es lo contrario a la publicidad masiva en el sentido que usted está tratando de llegar a un grupo específico de clientes, en lugar de que lo vea todo el público de un área. El marketing directo está relacionado ya sea con el uso de bases de datos o con el uso de medios que llegan a segmentos o grupos específicos de un mercado.

Cuando hablamos de bases de datos, nos referimos a una lista de personas que usted sabe que son muy probablemente clientes potenciales suyos, o que ya son sus clientes.

Por ejemplo, si usted tiene un servicio de limpieza de albercas, una base de datos muy útil serían todas las casas en un área que poseen una alberca. Si usted usa un medio masivo, está pagando por llegar a casas con o sin alberca y por lo tanto su costo es más alto. Hay muchos lugares en Internet que venden bases de datos de acuerdo a perfiles específicos: código postal (*zip code*), valor de la propiedad, edad del propietario, etc.

Sin embargo, las bases de datos más confiables siempre serán las que usted mismo construya y mantenga. Por ejemplo usted podría ir a una feria local y pedirle a la gente que llene un formulario con sus datos a cambio digamos, de participar en un sorteo de un servicio o producto gratuito. En este formulario usted puede preguntarles cosas que sean importantes para su negocio, por ejemplo si es que tienen mascotas en casa, si es que su negocio estuviera relacionado con eso.

Luego lo único que tiene que hacer es enviar por correo (o correo electrónico) un volante con su lista de productos u cupón de descuento u ofertas.

Vendedores

Una de las formas más comunes y más efectivas de lograr ventas es usando vendedores. El vendedor puede ser usted mismo como dueño de su empresa, o puede tener gente que trabaje con usted realizando ventas.

Los vendedores generalmente cobran una comisión por sus ventas, y en algunos casos reciben un pago fijo, ya sea para transporte o como salario. Lo más importante cuando se tiene vendedores es mantenerlos motivados, bien entrenados con el conocimiento de sus productos o servicios, y sobre todo siempre supervisados.

Un vendedor debe tener objetivos de ventas mensuales y usted debe preocuparse de diariamente o semanalmente ver cuál es su avance respecto a la meta. No espere el último momento para ver como les va, pues será demasiado tarde para tomar medidas que aseguren que cumpla su objetivo.

Usted puede tener mecanismos de incentivo con sus vendedores como bonos especiales si llegan a su meta dos meses consecutivos, o comisiones escalonadas (mayor porcentaje a mayores ventas).

Salga a vender con su vendedor de vez en cuando para asegurarse que el mensaje que está dando es el correcto y para ayudarlo con consejos que mejoren sus ventas.

Ofertas

De vez en cuando es importante sacar ofertas que le den un movimiento extra a su negocio. Las ofertas pueden ser de diferentes tipos:

- Descuentos en porcentaje
- Descuentos de cantidad (p. ejm. Compre 2 y lleve 3 unidades)
- Descuentos por tiempo (p. ejm. Firme un contrato de servicio por 6 meses y obtenga 1 gratis)

En realidad los tipos de ofertas y descuentos pueden ser tantos como su imaginación y creatividad puedan crear, pero hay ciertas cosas que debe tomar en cuenta:

- Las ofertas son temporales y siempre deben tener fecha de expiración
- Deben hacerse sólo en temporadas bajas
- Deben hacerse sólo con productos o servicios que tengan baja rotación
- Si las esta publicitando, sus ofertas deben estar en un cupón o con algún código que le permita ver cómo es que el cliente llegó a usted (para poder usar ese medio nuevamente)

Usted no quiere hacer descuentos en su producto estrella o en momentos en que sus ventas no se han reducido, pues de esta manera sólo estaría reduciendo su margen de ganancia innecesariamente.

Recuerde que si usted hace descuentos muy frecuentemente su público esperará por el descuento en lugar de comprar a precio regular.

A pesar de lo mencionado anteriormente sí es importante hacer descuentos junto con su publicidad, si es que su objetivo es obtener nuevos clientes. Siempre es importante mencionar en estos cupones o piezas publicitarias que el descuento es solamente para clientes nuevos, no clientes existentes. Esto es importante sobre todo en los casos en que usted da servicios en rutas (p. ejm. Rutas de albercas o piscinas, jardinería, limpieza, etc.). Si usted no menciona esto tendrá que darles descuentos a personas que ya están en su ruta de servicio.

En el Punto de Venta

Si usted tiene un local o tienda donde sus clientes van a realizar sus compras, es muy importante que use letreros dentro del local que anuncie sus ofertas y promociones.

Así mismo es importante que les deje saber a sus clientes de los productos o servicios nuevos que está vendiendo.

Recuerde siempre que su local, especialmente si está en una zona de tráfico de personas o vehículos, es también un punto de promoción de su negocio y esto debería ser explotado en todo momento.

Puede usar letreros para las aceras (*A-signs*) que informen a los peatones que caminan cerca de su negocio de la existencia del mismo o de las ofertas actuales. Incluso puede tener letreros para diferentes épocas del año (feriados, fechas especiales, etc.)

También puede usar las ventanas de su local (*storefront*) para colocar información de contacto de su empresa, servicios que presta u ofertas.

En sus vehículos

Si su negocio tiene vehículos como camionetas de servicio o transporte de mercadería, siempre es una buena inversión el colocar su logotipo, información de contacto y los servicios que presta en los lados y parte trasera del mismo.

Esto se puede lograr con magnetos (que vienen en varias formas y tamaños), con adhesivos de vinilo (*vynil stickers*) o incluso con pintura. Si usted tiene un automóvil de uso privado, le conviene usar magnetos pues estos pueden ser retirados cuando esta usando su vehículo por razones personales.

Este tipo de publicidad es de bajo costo, y sólo tiene que pagar una vez por ella, y la cantidad de personas que lo verán diariamente es considerable. Además contribuye con la imagen de su negocio y hace que se vea más formal.

Es importante recalcar en este punto que sus vehículos siempre deben estar limpios y lucir bien, para que su imagen no se vea disminuida frente a sus clientes y el público en general.

En Ferias (*Street Fairs o Swapmeets*)

Las ferias locales son un excelente lugar para conseguir nuevos clientes, pues la participación en las mismas es de muy bajo costo y la cantidad de personas que las visitan es muy alta.

Lo que necesita para participar en una feria es lo siguiente (como mínimo):

- Un toldo o cobertor (*pull-up tent*)
- Una mesa con sillas
- Un "banner" con el nombre de su negocio, sus servicios, teléfono, etc. (que puede ser ubicado al frente o detrás de la mesa, o en la parte delantera del cobertor, si este es lo suficientemente alto)
- Volantes (*flyers*) o folletos (*brochures*)
- Tarjetas personales (*business cards*)

Una de las cosas más importantes en estas ferias, es tener una persona que esté activamente llamando e interactuando con los visitantes. De nada servirá que usted vaya a una feria si es que sólo estará sentado esperando que las personas se acerquen a usted.

Si usted vende productos, las ferias también son un excelente punto de venta. Sólo recuerde que hay ciertos productos que son mejores que otros para estos eventos. De preferencia deben ser productos de bajo precio o cosas que la gente compre impulsivamente.

Si su negocio es vender comida, estas ferias son perfectas para usted.

Pero así venda productos de alto valor, o servicios, las ferias igual le permitirán realizar contactos con nuevos clientes potenciales, o simplemente dar a conocer su producto. Una tarjeta repartida en una feria, puede eventualmente convertirse en una venta.

Hay cosas adicionales que usted puede hacer para atraer gente a su estante (*booth*) como por ejemplo:

- Tener música
- Llevar artículos para regalar (llaveros, dulces, etc.)
- Tener una pantalla con algún video
- Realizar concursos
- Entre otras cosas

Infórmese de cuales son las ferias, ya sean permanentes o estaciónales, que se desarrollan en su área. Se sorprenderá de que tan barato es participar en ellas.

Catálogos y boletines

Los catálogos y boletines (*newsletters*) son un tipo de Marketing Directo, sino que en este caso en lugar de llegar a clientes nuevos, están dirigidos a clientes actuales (que ya compran de su negocio).

El objetivo de ambos es mantener a sus clientes informados de las novedades de su negocio, tales como:

- Productos o servicios nuevos
- Ofertas, promociones y descuentos
- Productos estrella que ya han sido comprados por estos clientes y que necesitan reposición cada cierto tiempo
- Nuevo personal de la empresa
- Cambios de horario de atención, números de teléfonos, etc.
- Noticias del negocio en general

Si usted envía facturas ("biles" o *bills*) todos los meses a sus clientes, este es un excelente medio para hacerles saber de las cosas mencionadas en la lista. No desperdicie un medio de comunicación como ese.

Internet

Lo referente a la promoción de su negocio por Internet se verá en el siguiente Capítulo.

Referidos (*Word of mouth*)

Por último, pero no por esto menos importante, tenemos a las personas que llegarán a su negocio siendo referidas por otras que ya lo conocen.

Este tipo de promoción es gratuita, pero usted no tiene control sobre ella, salvo por dos cosas:

- La única forma de que alguien lo refiera, es que haya quedado completamente satisfecho con su producto o servicio, así que tiene que preocuparse por esto.
- Siempre que acabe un trabajo, pregúntele al cliente si es que está completamente contento con su trabajo y cuando le diga que sí, pídale que lo recomiende con sus amistades, mejor aún si es posible que le de al menos 2 ó 3 nombres de personas que podrían necesitar su servicio.

Así mismo, pídale que en ese momento le escriba una carta de recomendación o un testimonio (testimonial) de su experiencia con usted.

Usted puede usar estas cartas mostrándoselas a otras personas para que vean que sus clientes están satisfechos, puede ponerlas en su sitio Web en Internet, etc.

Recuerde que no hay nada más fuerte que la recomendación de un amigo o familiar.

Capítulo 9.

Venda y promociónese por Internet

En la última década Internet se ha convertido en una de las principales herramientas no sólo para informarse y comunicarse, sino para hacer negocios. Usted puede usar Internet, dependiendo de qué negocio tenga, para vender en línea (*online*), publicitarse o ambas cosas.

Internet es una palabra que asusta a muchas personas, sobretodo las de mayor edad o que no han tenido mucho contacto con computadoras, pero la verdad es que no hay nada muy complicado respecto a Internet como usuario. Es más, si por alguna razón usted siente que no tiene el tiempo o el interés de aprender a usar Internet, siempre puede contratar a un experto en el tema que implemente su tienda electrónica o haga la publicidad por usted.

¿Qué necesita para vender o promocionarse por Internet?

Lo que básicamente necesita es tener un Sitio Web (Página Web, *Website* o Web). Una Web no es otra cosa que un conjunto de fotografías y textos que cualquier persona con acceso a Internet puede ver para informarse sobre su empresa. Una Web es su ventana no sólo a su comunidad o país, sino también al mundo.

Si es usted por ejemplo un artista, por primera vez tiene la opción de vender directamente sus cuadros, manualidades o cualquiera sea su arte a clientes interesados en Europa, Asia o América Latina, sin incurrir en mayores costos o tener agentes.

Para tener un Sitio Web, usted necesita 3 cosas:

Un nombre de dominio (*Domain Name*)

Este es el nombre de su empresa en Internet. Lo ideal es que se parezca al nombre de su empresa lo más posible. Si su empresa se llama "Pepe Servicios Varios" su *Website* (dentro de lo posible) debería llamarse:
"www.pepeserviciosvarios.com".

Es probable que el nombre de dominio que está buscando ya esté tomado y registrado por otra empresa, entonces debe modificar el nombre lo menos posible. Por ejemplo:
"www.pepeservicios.com",
"www.pepeservicioslasvegas.com".

A veces el poner el nombre de la ciudad es una buena idea, pero siempre fíjese que el nombre no se convierta en algo muy largo, de manera que sus clientes lo puedan recordar.

Hay muchos lugares en Internet donde usted puede comprar su nombre de dominio, y este servicio no es caro (entre el 2005 y el 2011 se mantuvo alrededor de los $10 por año). Es un servicio que se debe renovar actualmente. Las empresas que venden estos servicios se llaman *Domain Registrars* en inglés, y con sólo una búsqueda en cualquier motor de búsqueda (*search engine*) en Internet encontrará varias opciones.

Un Servidor de Alojamiento (*Hosting Server*)

Esto lo puede adquirir cuando registre su nombre de dominio, o se lo puede proporcionar la persona o empresa que desarrolle su página Web. En resumen, el servidor de alojamiento es el lugar donde se pondrá su página Web, para que cuando alguien quiera verla en Internet pueda hacerlo.

La Página Web en si misma

Este es el conjunto de fotos y textos que usted quiere mostrar a su mercado para comunicar su mensaje.

El poner estas fotos y textos en un diseño que se vea profesional requiere de un diseñador que desarrolle la página Web.

Algunas empresas ofrecen servicios para que usted mismo diseñe su página Web, pero en mi experiencia estas páginas resultan siendo poco profesionales y eventualmente muchas personas terminan haciendo doble esfuerzo (y muchas veces doble gasto) y terminan contratando a alguien para que reemplace la página que ellos hicieron.

Este probablemente no sea el caso si usted posee conocimientos de cómputo y posee fotografías de buena calidad para ser incorporadas a las plantillas que ofrecen estos servicios.

En todo caso, una vez que tenga el diseño, puede decidir poner en su Página Web una Tienda Electrónica (también llamada Tienda Virtual o Tienda Online o *E-Store* u *Online Store*), para poder realizar cobros o vender productos.

Hay muchos servicios para realizar ventas en línea. Usted puede decidirse por hacerlo en su propia Web o colgar sus productos en otro sitio Web que ofrezca este servicio.

Finalmente mi mejor consejo respecto a este tema, dada su naturaleza técnica, es que busque un profesional que lo ayude.

Haciendo esto se ahorrará tiempo y dinero desperdiciado, y se asegurará que su página Web se vea profesional y vendedora desde el comienzo.

Capítulo 10.

Servicio al Cliente

La mayoría de hombres de negocio coincidirán en que no importa que cosa sea lo que uno haga o venda, si el Servicio al Cliente es malo, su negocio nunca será exitoso.

Por ende, este es un tema que requiere especial mención y atención.

El servicio al cliente lo dan, desde usted mismo, como dueño de la empresa, hasta sus familiares y empleados que trabajan con usted.

¿Qué significa "buen servicio al cliente"?

Significa el ser cuidadoso con una serie de cosas, siendo las más importantes las siguientes:

Amabilidad

Esto puede parecer obvio, pero muchas veces es olvidado. Además, la amabilidad no solamente recae en usted sino también en sus empleados, sean estos vendedores, obreros u oficinistas.

Como mencioné en capítulos anteriores, la amabilidad empieza con un saludo apropiado, continúa con una sonrisa, el darse el tiempo de escuchar a su cliente y termina despidiéndose educadamente.

La mayoría de personas recuerdan siempre a las personas que las tratan amablemente y los lugares donde tuvieron buenas experiencias.

Usted siempre preferirá ir al lugar donde le abren la puerta para entrar, lo saludan con una sonrisa y se preocupan por su comodidad.

Puntualidad

"La hora es la hora". Especialmente en los países del hemisferio norte. Si alguien le da una cita, ya sea esta de ventas o de coordinación, parte del respeto que le demostramos es respetando su tiempo.

Hay muchas empresas que pierden contratos importantes por no llegar a tiempo a la cita que les dan, o por no llamar en el momento prometido.

Así como es importante estar a la hora, es importante devolver las llamadas a tiempo.

Si usted no podrá llegar a tiempo, siempre llame con anticipación para avisarle a la persona que lo espera. Una simple llamada hará que su cliente o cliente potencial no lo espere de mal humor o con una actitud negativa hacia usted.

Responsabilidad y Garantía

Su trabajo es la mejor prueba y el mejor ejemplo de cómo hace usted las cosas.

Cuando haga un trabajo asegúrese de hacerlo de acuerdo a lo prometido o si es posible, mejor. Nunca prometa más de lo que puede hacer, comprométase con lo que está seguro que podrá realizar.

Siempre revise todo lo que ha hecho con su cliente y asegúrese que éste está satisfecho, y si no lo está tome las medidas para satisfacerlo. Una vez que esté satisfecho siempre es una buena práctica el dejarlo por escrito obteniendo su firma, especialmente cuando usted esté entregando algo o haya reparado o construido algo.

Si usted recomienda algo y el cliente no lo acepta, también haga una nota en su contrato o propuesta para que quede claro que el cliente declinó su recomendación.

Todas estas cosas no sólo hacen que su trabajo se vea más profesional, sino también lo protegen legalmente.

El servicio al cliente es algo que debería fluir naturalmente una vez que comprendemos que la razón de ser de la empresa son nuestros clientes.

Sin ellos nuestra empresa no existiría.

Además recuerde que un cliente satisfecho le traerá más clientes. Un trabajo bien hecho y de buena calidad, no lo es completamente si no está acompañado de un trato amable.

Capítulo 11.

Información y *"Networking"*

Hay varias formas con las que usted puede mantenerse al tanto de lo que sucede en su industria, y el hacerlo es importante pues lo mantendrá competitivo y siempre a la vanguardia en relación a sus competidores.

Esto le puede servir para:

- Actualizar sus productos o servicios
- Ampliar su línea de productos o servicios
- Evitar comprar inventario que podría estar obsoleto
- Aprovechar ofertas de inventario a costo menor al tradicional
- Implementar soluciones innovadoras que reduzcan sus costos
- Saber cuáles son las últimas tendencias en promoción y publicidad
- Contactar nuevos proveedores

Toda esta información está generalmente disponible en revistas o periódicos a los que puede suscribirse.

Además podría considerar asistir a ferias (*trade shows*) donde se dicten cursos o seminarios que lo mantengan actualizado en sus conocimientos de negocios en general o de su rama en particular.

En adición a los medios de información mencionados, la Internet brinda una oportunidad única para mantenerse actualizado. Existen una gran cantidad de sitios Web especializados en diferentes industrias, así como boletines electrónicos que pueden recibirse periódicamente por correo electrónico.

En Internet también encontrará foros (*messaging boards*) donde profesionales de distintas industrias responden, generalmente sin costo, a preguntas de las personas inscritas.

Networking

Otra forma de mantenerse informado y al mismo tiempo encontrar oportunidades de negocio es siempre ampliando su Red de Contactos (*Networking*).

El "*Networking*" puede hacerse de muchas maneras, pero lo primero que usted debe entender es que cada persona que conoce es una nueva oportunidad para ampliar su negocio.

Ya sea que esta persona pueda ser un cliente directo o proveedor, o que esta persona conozca a alguien que podría ser importante para su negocio, o nuevamente, un potencial cliente o proveedor.

De alguna manera, uno sólo puede llegar tan lejos como le permita su red de contactos, y sólo puede ser tan fuerte como la persona más fuerte en su red.

Imagínese que usted conoce a alguien, que conoce a alguien que puede ayudarlo con algo importante para su negocio. Si usted no hubiese conocido a la primera persona, nunca hubiese llegado a la persona que lo ayudó o hubiera sido muy difícil. Además cuando usted llega a través de una recomendación personal, la oportunidad de tener éxito es mucho mayor.

Este es un ejemplo:

Usted ha deseado por años poder venderle su producto o servicio a una empresa grande, y ha sido imposible ponerse en contacto con alguien que reciba una muestra o una cotización.

Dada la ley de los contactos, si usted pregunta a todos sus contactos quién puede conocer a alguien que trabaje en esa empresa, que lo pueda conectar con alguien en el departamento de compras, sus posibilidades aumentan tremendamente.

Existen muchísimos libros que tratan solamente del tema del *"networking"* y como sacar provecho del mismo.

El crear redes de contactos es importante en todas partes y es un arte en sí mismo, pero está muy desarrollado particularmente en los Estados Unidos, en donde empresarios locales se juntan de diferentes formas para intercambiar contactos, ayudarse unos a otros y juntos desarrollar campañas y acciones de mercadeo.

Hay casos en los cuales estas asociaciones hacen publicidad en conjunto, realizan ferias de negocios compartiendo los costos, y desarrollan los conocidos *"mixers"* en donde invitan a sus conocidos, amigos y clientes para que estos conozcan a otros miembros de su red.

Formas de *Networking*:

- Cámaras de Comercio
- Grupos Especializados Locales
- Asociaciones Locales
- Reuniones
- Cualquier ocasión donde conozca a una nueva persona

Todo momento es un buen momento para aumentar su red de contactos. Cada vez que conozca a alguien ya sea en una reunión de amigos, el colegio de sus hijos, o en la playa durante sus vacaciones, siempre intercambie tarjetas e informe a la otra persona de su actividad.

Siempre es probable que este nuevo conocido requiera sus servicios, conozca a alguien que los pueda requerir, o a otra persona que de alguna forma está conectada con su industria.

Capítulo 12.

Precio y Calidad

Quizás las dos variables más complejas de todo negocio, aunque no lo parezca a simple vista, son la fijación de precios y el nivel de calidad de sus productos o servicios.

Por una razón de ego e inercia, la mayoría de personas que abren un nuevo negocio tienden a pensar que:

1. Tienen que tener el precio más competitivo, y
2. El mayor nivel de calidad

Para empezar, las personas en general, dentro de su sentido común y criterio lógico, saben que quien promete la mayor calidad al menor precio, de una u otra forma no está siendo coherente.

Además, no todo el mundo está buscando siempre la mayor calidad posible o no puede pagar por ella.

A este punto es importante que definamos qué es calidad y qué engloba.

La calidad es una cualidad inherente a los productos y servicios que permite que éstos sean comparados con otros.

Engloba muchas cosas, pero principalmente:

- La confiabilidad en el producto o servicio
- Su tasa de fallas o desperfectos
- Su resistencia y tiempo de duración
- El nivel de servicio al cliente que lo acompaña
- Su garantía y respaldo

Hay cosas que la gente determina tan sólo con el sentido común, como por ejemplo que no se puede ofrecer un nivel alto calidad a muy bajo costo, y por lo tanto los productos de mayor calidad deben tener precios de venta mayores al promedio.

El precio además determina cual es su mercado. A un precio bajo, la gente que está dispuesta a pagar por servicio, eficiencia y duración es probable que no lo llame. A un precio alto, ganará acceso a un mercado de altos ingresos (si su producto o servicio responden en calidad al nivel de precio) pero perderá el mercado masivo de compradores que es el más numeroso.

En todo caso, una estrategia siempre interesante es la que busca "el precio promedio del mercado". Esto quiere decir que en lugar de ubicarse en los extremos, usted tratará de ser una opción razonable para todos los sectores económicos.

Sin embargo, debemos ser conscientes que no importa que nivel de precio elijamos, es imposible que seamos la mejor opción para todos los niveles del mercado. Para bien o para mal, existen diferentes segmentos económicos y todos buscan cosas diferentes.

Un caso clásico y fácil de ilustrar es el de los restaurantes.

Una taquería con precios bajos, puede tener comida excelente, pero no será llamativa para las personas que están dispuestas a pagar más por tener una atmósfera elegante, y meseros que los atiendan de manera altamente personalizada.

De igual forma, un restaurant elegante, con un alto nivel de servicio, no será llamativo para los que están buscando comida rápida y a precios que puedan pagar todos los días a la hora del refrigerio del trabajo.

Es por eso que antes de definir nuestro producto o servicio, y su nivel de precio y calidad debemos establecer claramente a qué mercado queremos llegar.

Todo esto no quiere decir por supuesto que usted no busque dar el mayor nivel de servicio y eficiencia posible, pero recuerde que a más dinero invierta en la calidad de su producto, sus costos subirán y eventualmente tendrá que subir sus precios.

Evite el error de querer satisfacer a todos, pues al final no será fuerte en ningún mercado. Es preferible que se enfoque en un grupo en particular y se vuelva el líder en esa categoría.

Capítulo 13.

Las matemáticas básicas de un negocio

En las siguientes líneas le daré algunos conceptos básicos de finanzas que todo empresario debería saber sobre su negocio.

Es probable que en algún momento usted contrate a un contador (*accountant* o *bookkeeper*) para su negocio, pero aún en ese caso usted debería conocer al menos estos conceptos fundamentales:

Capital Inicial

El capital inicial es el dinero que usted necesita invertir antes de empezar el negocio. Incluye todas las licencias, permisos, seguros, bonos (*bonds*), herramientas, vehículos, materiales, etc. Sin los cuales usted no podría (o no debería) trabajar.

Capital de Trabajo

El capital de trabajo es el dinero que usted debería tener separado para pagar los gastos operativos del negocio, mientras éste no se esté sosteniendo por si mismo.

Veremos en el siguiente punto cuáles son los gastos operativos, pero lo importante en este momento es que usted sepa que estos gastos, cuando el negocio está funcionando deben salir de las ventas, sin embargo cuando un negocio empieza hay un tiempo en el cual las ventas pueden ser menores que los gastos operativos, es por esto que usted debe separar un capital de trabajo.

Gastos Operativos

Como su nombre lo dice, estos son los gastos que usted necesita realizar para mantener el negocio operando.

Esto incluye:

- Alquileres y servicios públicos (*utilities*) como luz, agua, teléfono, Internet
- Pagos a Empleados (*payroll*)
- Comisiones de Ventas
- Pagos a contratistas
- Gasolina para los vehículos
- Otros gastos comunes.

Otros Gastos

Estos son gastos que si bien no están relacionados directamente con su actividad, se necesitan realizar por diferentes razones (legales, publicitarias, etc.), por ejemplo:

- Publicidad
- Seguros de responsabilidad (*Liability Insurance*)
- Seguros de automóviles
- Licencias del negocio
- Entre otros

Costos Directos e Indirectos

Estos costos le permiten establecer la base sobre la cual calculará el precio de su producto o servicio.

Son aquellos que están relacionados o con la producción de sus productos o la prestación de su servicio.

Por ejemplo, si usted limpia casas sus costos directos serian el salario que paga por hora y los químicos que usa para limpiar. Sus gastos indirectos serian la gasolina para llegar a la casa y el seguro de responsabilidad, y el seguro de compensación de empleados (*workers compensation*).

Si por ejemplo, la suma de los costos directos fuera de $50 por una visita de 4 horas (4 horas x $10 la hora del empleado mas $10 de químicos) y la división de los costos indirectos entre todas las visitas fuera $10 por visita), su costo total de una visita de 4 horas seria $60. Usted entonces de ninguna manera puede cobrar menos de $15 por hora (servicio de $60 entre 4 horas).

Aquí es donde entra su margen de utilidad, o lo que usted ganará por cada hora, como veremos en el siguiente punto.

Margen de Utilidad (*MarkUp*)

Este es el porcentaje que usted ganará sobre sus costos para ganar dinero para su negocio.

Ya sabemos, siguiendo el ejemplo anterior, que su costo total (directo e indirecto) por hora es $15. Digamos entonces que usted quiere ganar un 100% de utilidad. Esto quiere decir que usted cobrará por hora $30 ($15 de costo mas $15 de utilidad o el 100% que es $15 por 1).

Si en vez del 100% usted quisiera ganar el 50% de utilidad, entonces su precio sería $22.50 por hora ($15 de costo mas $7.5 de utilidad o el 50% que es $15 por 0.5).

Como recordamos de capítulos anteriores, su margen de utilidad y su precio deberían ser coherentes con el precio de la competencia, su nivel de calidad, la capacidad de gasto del mercado al que se dirige, etc.

Costos Fijos (*overhead cost*) y el Punto de Equilibrio (*break even*)

Para estar seguros que usted hará dinero en su negocio, a pesar que ya sabe cual es su margen de utilidad por hora vendida, necesitamos saber cuantas horas necesita vender al mes para al menos cubrir sus Costos Fijos.

Los costos fijos son los gastos que usted está realizando que no están directamente relacionados con el producto o servicio en sí, pero que son necesarios. Por ejemplo:

- Personal de oficina (recepcionista, administración, etc.)
- Gastos operativos del local (luz, agua, Internet, etc.)
- Los "Otros Gastos" mencionados anteriormente (seguro del local, licencias, etc.)

Para continuar con el ejemplo anterior, en el que su costo total por hora era $15 y su precio era $30 (100% de margen), entonces cada vez que usted vende una hora, esta ganando no $30 sino solamente $15, pues los otros $15 cubren los costos.

Entonces para calcular el Punto de Equilibrio en horas vendidas, usted debe conocer sus costos fijos y dividirlos entre su margen de utilidad por hora. Si sus costos fijos fueran $1,500 al mes, entonces la operación en este ejemplo es:

$1,500 entre $15 por hora = 100 horas

Esto quiere decir que para no perder dinero usted debe vender un mínimo de 100 horas. Cada hora adicional es ganancia para su negocio.

Para calcular el Punto de Equilibrio en dinero, sólo tiene que multiplicar el Punto de Equilibrio en horas por su precio de venta, es decir:

100 horas x $30 por hora = $3,000

Es decir lo mínimo que debe vender son $3,000 al mes para no perder dinero.

Finalmente, pues este es un ejemplo puntual, las fórmulas genéricas son:

Punto de Equilibrio en Horas o Unidades =
Costos Fijos / Margen de Utilidad por Hora o Unidad

Punto de Equilibrio en Dinero =
Punto de Equilibrio en Horas o Unidades x Precio de Venta por Hora o Unidad

Nota importante:

Para evitar confusiones quiero aclarar que la diferencia entre Gastos (Operativos y otros) y Costos (Directos, Indirectos, Fijos) es que los costos están directamente relacionados con el la producción del producto o la prestación del servicio.

La razón por la cual se separan y clasifican los Costos del total de Gastos, es solamente para hacer un cálculo preciso que le permita establecer su precio y saber cuántas unidades de sus productos u horas de servicio necesita vender para que el negocio no quiebre.

Es importante mencionar que los Costos pueden ser Variables o Fijos:

- Costos variables son los que crecen o disminuyen de acuerdo con las ventas (a más casas limpie gastará mas químicos)
- Costos Fijos son aquellos que se mantienen igual independientemente de las ventas (la electricidad de la oficina no

variará si usted limpia más o menos casas).

Si usted paga a los empleados de limpieza por hora, este es un costo variable, pero si les paga un sueldo mensual sin importar cuantas casas limpien entonces es un costo fijo.

Para aclararlo más, el sueldo de los vendedores es fijo, pero sus comisiones son variables (pues suben o bajan de acuerdo a sus ventas).

Estado de Ganancias y Pérdidas (*Profit & Loss*)

Para cerrar el capitulo le mostraré de manera sencilla un ejemplo de un Estado de Ganancias y Pérdidas a continuación:

Ganancias y Pérdidas

Ventas	$10,000
Costos Directos	$ 5,000
Utilidad Bruta	$ 5,000
Gastos Operativos	$ 2,000
Utilidad Neta*	$ 3,000

*Sobre este monto es que usted pagará impuestos. No olvide esto, pues los Impuestos a pesar que no son ni Costos ni Gastos, son también un egreso del negocio y siempre debe de recordar que debe separar este dinero en una cuenta aparte para cumplir con esta obligación.

Es muy probable que todas las cosas que he mencionado en este capítulo puedan ser vistas por un contador (*CPA* o *bookkeeper*), pero en el caso de que las vaya a ver usted mismo, lo más importante es que no se le olvide poner ningún gasto o costo.

La clasificación puede hacer que los resultados parciales varíen, pero lo esencial es que al final usted sepa si es que está ganando dinero, y si es así, cuánto dinero está ganando.

Hay mucha gente que no lleva bien sus números y piensa mes a mes que está haciendo ganancias y luego de unos meses se dan cuenta que han estado operando a pérdida, lo cual se puede solucionar de tres formas:

- Incrementando sus Ventas,
- Aumentando su Margen de Utilidad, y/o
- Reduciendo sus Gastos y Costos.

Reducir los costos es siempre saludable, pero siempre y cuando no comprometa la operación del negocio, o reduzca dramáticamente la calidad de su producto o servicio.

Notas adicionales sobre impuestos y tipos de Empresas

Recuerde que dependiendo de qué tipo de empresa tenga, variará la forma en la que debe pagar sus impuestos:

Empresa Individual (*Sole Proprietorship*)

La empresa es usted y usted reportará sus ingresos y gastos en una forma adjunta a su Declaración de Impuestos (*Tax Return*) como Individuo. La forma a la fecha de la publicación de este libro es el "Schedule C". Hay muchas consideraciones sobre este tema que debería consultar con su Preparador de Impuestos (*Tax Preparer*) o Contador (*CPA o bookkeeper*).

Sociedad (*General Partnership*)

Si usted no está solo en el negocio, sino que tiene Socios (como veremos en un par de capítulos), entonces deberá formar una Sociedad. Las Sociedades no son Personas Naturales, sino Jurídicas y por lo tanto deben presentar impuestos por separado a las Declaraciones de los Socios.

Cada Socio recibirá del Preparador de Impuestos una forma pre-llenada, con la cual reportarán en sus correspondientes declaraciones personales los ingresos obtenidos del negocio.

Corporaciones (*Corporation*)

Los socios de un negocio pueden "incorporarse" en uno de los tipos existentes de corporación.

Usted debería consultar con su contador si es que le conviene más incorporar que asociarse simplemente, y también que tipo de corporación es la más conveniente para su caso específico.

La manera de formar Sociedades y Corporaciones es diferente y puede variar de estado a estado. Consulte con su oficina local del Condado donde formará la empresa, busque en Internet en el Sitio del estado donde reside o con un abogado comercial.

Nota sobre los Impuestos a las Ventas (*Sales Tax*)

Dependiendo del estado, la ciudad donde desarrolle su negocio, y el tipo de producto o servicio que preste, es probable que usted tenga que cobrarles un Impuesto a las Ventas a sus clientes y luego reportar y pagar este impuesto al estado.

Consulte con su oficina local del estado.

En algunos estados esta oficina es llamada el "Tax Board", pero este nombre puede variar.

Capítulo 14.

La importancia de tener metas

La diferencia entre un simple sueño y algo que se puede hacer realidad, es que para asegurarse de lograr algo hay que fijar metas (también llamadas objetivos).

¿Qué es una meta?

Una meta es un punto al cual usted quiere llegar, y para poder reconocer cuánto nos falta por llegar y cuándo hemos llegado, tiene que ser cuantificable y posible de medir. Por lo tanto una meta tiene dos condiciones básicas:

- Está puesta en números, y
- Tiene un tiempo para llevarse a cabo.

Si usted empieza a desarrollar su negocio y nunca establece qué es lo que quiere lograr específicamente y en cuánto tiempo, nunca llegará muy lejos o le costará mucho tiempo.

Esto NO es una meta:

"Hacer el suficiente dinero para poder vivir tranquilamente".

Esto se ACERCA a una meta:

"Hacer, en un año, el suficiente dinero para poder vivir tranquilamente".

Esto SI es una meta:

"Vender, en el plazo de un año, un promedio de $5,000 mensuales".

Así mismo, las metas tienen que estar establecidas en tiempos que le permitan hacerles un seguimiento a su avance y tener la capacidad de tomar medidas correctivas para asegurar que se cumplan.

Entonces el ejemplo de arriba se convertiría en algo así:

"Vender, en el plazo de un año, un promedio de $5,000 mensuales, para lo cual al final del primer trimestre deberíamos estar haciendo ventas promedio de $1,500 por mes, al final del segundo trimestre ventas promedio de $3,000 por mes, y a partir del tercer trimestre, ventas promedio de $4,000 por mes. Así aseguraremos llegar a los $5,000 de promedio mensual al final del año o del cuarto trimestre".

Al mismo tiempo, puede haber objetivos paralelos que asegurarán que alcance su meta principal. Este es un ejemplo:

"Dado que cada cliente nos deja ventas promedio de $200, debemos tener 25 clientes al final del año. Para esto nos aseguraremos de obtener al menos 6 clientes nuevos cada trimestre".

Las metas no deben sólo aplicarse a las ventas, sino también a otros aspectos del negocio como los costos y las operaciones.

Por ejemplo:

"Reducir los gastos en electricidad, agua y teléfono en 20% en los siguientes 6 meses".

"Renovar todas nuestras computadoras por equipos de última generación a comienzos del próximo año".

"Contratar y entrenar 2 nuevos vendedores en el mes de Diciembre".

Todas estas son metas válidas y todas ellas pueden ser objetivos en sí mismos, o ser parte del logro de una meta más grande.

Para ser eficaz y exitoso, usted debe renovar sus metas al fin de cada periodo que sea relevante para su negocio. Puede haber metas anuales, semestrales, por temporadas, para días especiales del año, etc.

Si usted está por ejemplo en un negocio de venta al por menor (*retail*), puede fijar metas para los días o épocas del año donde los clientes compran más, como Navidad o el Día de San Valentín.

Otro aspecto a resaltar es que si usted tiene empleados, cada empleado debe saber cómo contribuye a las metas de su área en particular o de la empresa en general.

Esto es especialmente importante en el caso de los vendedores, los cuales deberían tener cuotas establecidas de ventas que sumen el objetivo global de la empresa.

Siempre es bueno premiar a su personal cuando se logran las metas. Recuerde que la motivación es uno de los aspectos más importantes a mantener en un equipo de trabajo.

Notas finales: ¿Debería tener socios?

Hay muchas razones por la cuales es bueno tener socios y muchas otras para no tenerlos.

En las siguientes líneas trataré de darle algunos consejos para que tome la mejor decisión respecto a esto.

La principal razón por la cual la gente se asocia es por que se necesitan mutuamente para llevar a cabo el negocio.

Estas razones (principalmente) pueden ser:

Financieras

Ya sea porque uno de los socios tiene una idea, pero necesita alguien que ponga el dinero para establecer el negocio, o porque el dinero que tienen las personas por separado no es suficiente y necesitan sumar sus capitales para llegar al monto necesario.

Operativas

Ya sea porque usted necesita una persona que tenga experiencia en el tipo de negocio que está llevando a cabo, o porque usted sabe que necesita un apoyo adicional para llevar a cabo el trabajo.

Especialidad

Tal vez usted sabe mucho de la parte operativa del negocio, pero no sabe mucho de Marketing y Ventas, y necesita un socio que se haga cargo de esta parte.

Note que en cada uno de los casos anteriores, hay una forma de prescindir de un socio:

- En el primer caso podría obtener un préstamo para cubrir el dinero que necesita,
- En el segundo y tercer caso podría contratar alguien como empleado para que lo ayude con la parte operativa o de ventas.

Sin embargo hay razones por la cuales usted puede no querer tener alguien como empleado que esté tan metido en el manejo del negocio. Por ejemplo por un tema de confianza. Tal vez usted no quiere que una persona que no está comprometida financieramente con el negocio aprenda todos los detalles del mismo, pues podría irse después de un tiempo y abrir su propia empresa.

Cada caso es diferente y usted debe sopesar muy bien si es que necesita o no, o quiere o no, tener un socio, pero para que el tema de la sociedad funcione tienen que cumplirse algunas cosas:

- Que haya confianza entre los socios
- Que todos los socios trabajen de manera equitativa y contribuyan de manera balanceada con el negocio
- Que las cuentas estén siempre claras

Cada vez que se rompe la confianza, o alguno de los socios siente que esta haciendo más que los demás, o que hay problemas con el dinero, puede haber problemas en la sociedad.

Finalmente, para cerrar este corto capítulo mi consejo sería el siguiente:

"No tenga un socio si es que esto no es necesario".

Puede sonar bastante frío y calculador, pero la verdad es que si usted se asocia con alguien sólo porque tiene una relación de amistad o parentesco, o porque quiere ayudar a la otra persona, está poniendo en riesgo su relación si es que las cosas van mal por cualquier razón.

En todo caso, recuerde que cuando se abre una sociedad, pueden determinarse los porcentajes de participación entre los socios y es importante que usted se sienta cómodo con el porcentaje que le toca.

En ningún lugar está escrito que todos los socios deben repartirse las ganancias en partes iguales. Usted debe negociar esto antes de empezar el negocio.

Si usted tuvo la idea del negocio y piensa que es probable que por su conocimiento, usted vaya a contribuir a las ventas y la operación del negocio más que el socio que sólo esta poniendo dinero, entonces dígale de frente y antes de empezar el negocio que usted quiere un mayor porcentaje que él (por ejemplo 60% - 40%).

Es mejor solucionar ese tipo de acuerdo antes de llevar a cabo el esfuerzo, que estar ya con la empresa caminando y sentirse mal. Ese es el tipo de cosas que acaban con una sociedad.

Conclusión: Cómo hacer su negocio exitoso

Tal vez éste debería ser el primer Capítulo del libro, en lugar de ser la conclusión, pero la verdad quise dejarlo para el final porque tiene una importancia especial.

A este punto usted ya se debe haber dado cuenta que el empezar su negocio no va a ser tan complicado como creía.

Así que si damos por descontado que usted llevará bien sus números y promocionará su negocio adecuadamente, sólo falta un ingrediente para el éxito:

Su actitud.

¿A qué me refiero con esto?

El poner un negocio no es sólo un tema que tiene que ver con ganar dinero. Principalmente el poner un negocio tiene que ver con ofrecer productos y/o servicios, que éstos logren la satisfacción de sus clientes y que por esta razón le vuelvan a comprar y lo recomienden con otros clientes.

El dinero vendrá solo si es que usted se enfoca en esto. Lea nuevamente el párrafo anterior y memorícelo de ser posible.

Si usted trata a cada cliente como si se estuviera atendiendo a usted mismo, con amabilidad y dedicación, y preocupándose de resolver sus problemas y necesidades, el resto es historia.

Piénselo un momento.

Cuando usted va a un restaurante, o entra a un local o tienda de cualquier tipo, cuando alguien llega a su casa para reparar algo…¿qué es lo que usted está esperando?

Que lo saluden, que lo atiendan amablemente, que le den lo que necesita o resuelvan su problema rápida y eficientemente, y que le cobren de manera razonable.

¿Cierto?

Entonces, ¿por qué las personas que usted atiende deberían esperar menos de usted? Todos somos seres humanos, con sentimientos y necesidades, y todos necesitamos casi las mismas cosas para ser felices.

Cada vez que alguien le da su dinero para pagarle, al igual que usted, quiere sentir que ha pagado por algo bueno y que le sirve.

En conclusión, si usted pone como el objetivo de su negocio tener clientes satisfechos, el dinero seguirá viniendo.

Si usted pone como su objetivo el hacer dinero, puede olvidarse que está tratando con personas y puede bajar la guardia de su servicio o calidad.

Los "nunca":

- Nunca deje un trabajo sin terminar.
- Nunca deje a un cliente esperando sin darle una llamada.
- Nunca venda productos o servicios que usted sabe no funcionarán bien.
- Nunca niegue cambiar (o trabajar nuevamente) en algo defectuoso.
- Nunca lleve los problemas de su hogar al trabajo.

Los "siempre":

- Siempre tenga una sonrisa en la cara cuando atienda a un cliente (así esté hablando por teléfono).
- Siempre salude y despídase amablemente.
- Siempre pregunte al cliente si todo está bien antes de retirarse.

- Siempre haga su mayor esfuerzo por hacer las cosas bien.
- Siempre tenga una actitud positiva.

Si hace todo esto, le aseguro que tendrá un negocio muy exitoso.

¡Suerte!

Consideraciones finales y sobre el autor

Consideraciones finales

Además de las leyes que son generales a todo el país, hay ciertas regulaciones y leyes que varían a nivel estatal, del condado e incluso de la ciudad donde usted piensa operar su negocio.

Recuerde que hasta el trabajar desde casa puede requerir que usted obtenga permisos o licencias. Si usted vive en una casa o departamento alquilado debería incluso obtener autorización de su arrendador (*landlord*) para operar desde ahí.

La mayoría de consideraciones a tomar en cuenta se encuentran en la siguiente lista, pero pueden haber otras que usted deba tomar en cuenta (consulte con la oficina de licencias de su ciudad y de su condado):

- Licencias
- Impuestos
- Cuestiones legales
- Contratos
- Empleados
- Seguros (Aseguranza)

Los consejos en este libro no pretenden darle información legal, fiscal, municipal, estatal o federal, o reemplazar la información que un profesional en estas cuestiones le pueda dar. Es sólo información con el fin práctico de darle una idea general de los temas mencionados.

Siempre consulte las oficinas oficiales de estos temas en su jurisdicción.

Sobre el Autor

Francisco J. Miranda, es un empresario que emigró a los Estados Unidos en busca de un mejor futuro para su familia.

Francisco se graduó en Marketing y Publicidad del Instituto Superior San Ignacio de Loyola en Perú, donde se graduó con honores como 1ro de su promoción. Luego llevó varios cursos de Administración y Finanzas en el Instituto Peruano de Administración de Empresas (IPAE). Continuó con su educación en temas comerciales llevando cursos de Planeamiento de Marketing en la Escuela de Administración de Negocios para Graduados (ESAN), en donde obtuvo un título de postgrado llevando el reconocido PADE (Programa Avanzado) en Marketing, del cual se graduó con honores con el 2do puesto de su promoción.

Francisco trabajó en reconocidas empresas en el Perú durante más de 10 años, llegando a desempeñarse en puestos Gerenciales de alta responsabilidad, y aprendiendo a manejar grandes equipos de profesionales e importantes presupuestos de promoción y publicidad.

Además escribió, para revistas y diarios, diversos artículos sobre mercadeo, publicidad y el uso de Internet para los negocios.

Llegando a los Estados Unidos, trabajó para otras empresas haciéndose cargo de la administración y ayudando con la parte comercial durante 4 años.

En el 2006 decidió abrir su propio negocio, ayudando a otras empresas con sus necesidades comerciales, tanto de Marketing como de Publicidad. En el camino se ha embarcado en otros proyectos comerciales y siempre está pensando en qué nuevas ideas sacar adelante.

Su objetivo, a través de sus negocios, siempre ha sido hacer lo mejor posible para que otras personas puedan salir adelante con sus empresas, especialmente sus hermanos hispanos que llegan a este país y requieren muchas veces de una mano para encontrar el mejor camino para ellos y sus familias.

www.ingramcontent.com/pod-product-compliance
Lightning Source LLC
Chambersburg PA
CBHW030751180526
45163CB00003B/976